HF482823

DES CAUSES

DE

LA RÉVOLUTION.

DES CAUSES

DE

LA REVOLUTION,

PAR AMÉDÉE POUJOL.

> Lorsque les Israëlites rebâtirent leur temple,
> vieillards, femmes, jeunes hommes, tous
> mirent la main à la sainte reconstruction :
> . . . .
> — Et moi je viens apporter une modeste
> pierre pour la reconstruction de l'édifice
> social !　　　　　　　　　　　　A. P.

MONTPELLIER,

J.-A. DUMAS, IMPRIMEUR DE LA MAIRIE,

Place Croix-de-Fer, 12.

—

1852.

DES CAUSES

DE

LA RÉVOLUTION.

I.

Depuis plus de cinquante ans, la France s'agite au milieu des convulsions les plus violentes ; forcée de se créer, hors de sa constitution naturelle , un nouveau mode d'existence , elle marche au hasard, d'essais en essais, vers des espaces inconnus, comme si elle était dominée par un funeste génie. Le peuple, déchu de ses antiques croyances et de ses mœurs, a été entraîné par le torrent des révolutions : ses arts, ses lois, ses institutions sont tombées en ruines, et le corps social semble menacé d'une dissolution complète.

Quelle est la cause de cette perturbation permanente, qui a emporté, et la monarchie malgré sa grandeur, sa hiérarchie et ses traditions, et la république malgré sa terreur, et l'empire malgré sa gloire ; de cette perturbation qui aurait emporté la religion elle-même, si la religion avait pu périr comme les institutions humaines.

Telle est la question que s'adressent dans ce moment les hommes politiques : — question importante, sujet digne de préoccuper les esprits sérieux, car tout ce qui touche au monde moderne et aux destinées du genre humain s'y remue avec un intérêt immense et avec une activité effrayante.

Rechercherons-nous cette cause dans l'imperfection de nos institutions politiques ? Dirons-nous, avec ce publiciste éminent (M. Raudot, de l'Yonne), que vers la fin du dernier siècle la royauté était trop haute et n'avait pas de point d'appui ?.... Porterons-nous nos regards sur l'Angleterre et attribuerons-nous la stabilité de son gouvernement à la pondération des pouvoirs ?... Mais alors comment expliquer ce calme dont jouit la Russie , où règne un autocrate revêtu d'une autorité sans partage et sans limites ?

Dirons-nous, avec d'autres écrivains, que la révolution a été la conséquence des scandaleuses débauches du Régent et de ses roués , des oppositions violentes que les Parlements ont faites aux mesures présentées par la royauté?.. J'avoue que tous ces éléments de désordre, qui se manifestèrent dans le XVIIIme siècle, ont exercé une fatale influence sur nos destinées , qu'ils ont précipité le dénoûment du drame révolutionnaire dont nous avons été les tristes victimes ; mais je crois qu'ils n'en étaient pas la cause réelle, car tous ces éléments ont successivement disparu de la scène gouvernementale , et cependant la révolution leur a survécu et dure encore !

Pour moi , j'ai vu la révolution , dont le foyer

est en France, s'étendre, comme une lave brû-
lante, tantôt sur les monarchies tempérées,
tantôt sur les gouvernements absolus, tantôt sur
les républiques elles-mêmes.... J'ai vu ces mal-
heureux pays livrés aux commotions les plus
terribles, à mesure que les idées révolutionnaires s'y introduisaient et y portaient leurs
fruits : — d'où j'ai été amené à conclure que la
cause des révolutions était moins, chez un peuple, dans le vice de ses institutions, que dans
l'anéantissement de tout esprit national, dans
l'absence de toute croyance, soit religieuse, soit
politique, et dans l'excitation des passions
mauvaises qui sont les véritables volcans de
l'humanité.

Et comment une grande nation pourrait-elle
subsister, prospérer et grandir, quand les ci-
toyens qui la composent ne s'accordent plus sur
rien ? quand nul principe n'est consacré, nulle
autorité reconnue ? quand tous les droits sont
confondus et tous les devoirs foulés aux pieds ?
Non, il ne peut y avoir stabilité, force et durée
pour les nations qui cessent de croire en elles-
mêmes, pour les nations qui répudient le passé
et redoutent l'avenir. Telle est pourtant la situa-
tion morale de la France ?

Et comment cet antique esprit public, si chrétien, si éminemment français, qui animait cette
belle nation, la reine du monde, s'est-il perverti
parmi nous ?

D'abord, comme l'a si judicieusement démon-
tré M. Danjou, par ce singulier système d'éducation qui, depuis la Renaissance, apprenait
aux enfants la mythologie payenne et ne repré-
sentait à leur admiration que les orateurs, les
poètes et les écrivains des républiques de la
Grèce et de Rome.... Mais, tout en partageant
l'opinion (1) de cet écrivain sur cette déplorable
influence, je crois que le vice de cette éducation
aurait pu faire et a fait des républicains ; mais il
n'aurait pas suffi pour faire des révolutionnaires !

L'esprit révolutionnaire est inquiet, entre-
prenant, ennemi de toute dépendance et par-

(1) Tout en désirant que les auteurs sacrés entrent dans
l'enseignement et y occupent une large place, je suis loin de
vouloir exclure Socrate, Platon, Horace, Sénèque, Cicéron,
Lucien, etc. Il y a trop de richesses, trop de beautés dans les
œuvres de l'antiquité pour en priver complétement la jeunesse.
C'est aux maîtres qu'il appartient de faire discerner ce qui est
vrai de ce qui est faux, ce qui est bien de ce qui est mal, et de
faire voir combien le génie du christianisme est supérieur à tout
ce que l'homme a pu produire en dehors de lui !

tisan de toute innovation ; il aspire à renverser toutes les constitutions politiques ! Il fait la guerre à tous les pouvoirs, à la révolution elle-même, quand elle parvient à exercer la souveraineté ! L'esprit révolutionnaire est, comme l'a dit un grand publiciste, le déchaînement de la nature tout entière sur toute la ligne et dans toutes les profondeurs de la société ; déchaînement fatal, qui soulève ou fomente incessamment au milieu de nous le désordre et la guerre sociale ! En un mot, l'esprit révolutionnaire, c'est la négation de toute croyance ; c'est le désir de s'élever et l'envie d'abaisser tout ce qui est élevé !.....

Eh bien ! ce génie du mal, qui l'a introduit en France, qui l'a propagé ?...... C'est le philosophisme : c'est lui qui a rétréci l'horizon de nos espérances en resserrant nos destinées dans les étroites limites de ce monde ; c'est cette phalange de destructeurs qui a porté la désolation au sein de notre société éclipsée ; c'est elle qui a déclaré une guerre impitoyable à toutes nos institutions religieuses, morales et politiques ; c'est elle qui a déchaîné sur le sol fertile de notre belle patrie ce vent glacé qui souffle des tombeaux !

Je n'ignore pas qu'avant la ligue de ces nouveaux Attilas qui, nés pour détruire, résument par leurs noms toute une époque de ruines, les mêmes doctrines ont été professées par certains philosophes des siècles passés. Je sais très-bien que les révolutionnaires de nos jours n'ont pas l'affreux mérite de l'innovation, qu'ils n'ont fait que copier les folies de ceux qui les avaient précédés. — Mais on conviendra aussi qu'ils en ont agrandi singulièrement les proportions, et qu'après avoir implanté ces mauvaises doctrines dans le cœur même de la France, ils en ont répandu le venin dans toutes les veines du corps social.

Cette cause de nos révolutions se trouve écrite en caractères de sang, par les effets qu'elle a produits, dans le grand livre des malheurs de l'humanité. Il semble, au premier aspect, que rien ne pouvait faire prévoir des événements si extraordinaires; et cependant ils avaient été dévoilés et annoncés d'avance par les esprits les plus observateurs et les plus pénétrants! Sans prendre des exemples dans les orateurs de la chaire chrétienne du XVIIIe siècle, nous nous bornerons à quelques citations qui sont frappantes, comme le dit Ferrand, autant par la diffé-

rence de leurs époques que par celle de leurs
auteurs :

Leibnitz, après avoir parlé des systèmes d'Épi-
cure et de Spinosa, ajoute : « Leurs disciples se
» voyant déchargés de la crainte importune d'une
» Providence surveillante et d'un avenir mena-
» çant, lâcheront la bride à leurs passions et
» tourneront leur esprit à séduire et à corrompre
» les autres ; et s'ils sont ambitieux et d'un ca-
» ractère un peu dur, ils seront capables de met-
» tre le feu aux quatre coins de la terre. J'en ai
» connu plusieurs de cette trempe.... Je trouve
» même que ces opinions, s'insinuant peu à peu
» dans les esprits et se glissant dans les livres,
» disposent toutes choses à la révolution géné-
» rale dont l'Europe est menacée. »

L'abbé Dubos, dans ses réflexions critiques,
s'écriait : « L'esprit philosophique fera bientôt
» d'une grande partie de l'Europe ce qu'en fi-
» rent autrefois les Goths et les Vandales..... »

Vingt ans avant la révolution, M. Séguier,
dans un réquisitoire contre le système de la nature, disait : « L'impiété ne borne pas ses projets
» d'innovation à dominer sur les esprits et à ar-
» racher de nos cœurs tout sentiment de la divi-

» nité.... Ses vœux ne seront remplis que lors-
» qu'elle aura détruit ces inégalités nécessaires
» de rang et de conditions, lorsqu'elle aura avili
» la majesté des rois, rendu l'autorité précaire et
» subordonnée aux caprices d'une foule aveugle;
» lorsque enfin, à la faveur de ces étranges chan-
» gements, elle aura précipité le monde entier
» dans l'anarchie!.... »

Le grand Frédéric, si exalté par les encyclo-
pédistes et qui les connaissait bien, portait le
même jugement sur leurs projets : « Les gou-
» vernements , disait-il, ils les réformeront
» tous.... Après qu'ils auront mis tout sens des-
» sus dessous, ils apprendront par leur expé-
» rience qu'ils ne sont que des ignorants.....»

Certes, il nous paraît impossible de désigner
avec plus de vérité la cause de nos révolutions,
que la centralisation a rendues plus fréquentes :
la voilà appréciée en elle-même , annoncée d'a-
vance au genre humain dans ces menaces pro-
phétiques. Maintenant que manque-t-il à notre
conviction pour être complète , quand nous ,
qui avons vécu au milieu de ces orages, nous
avons pu en constater les déplorables effets?....

Voilà donc la cause du mal. Où est le remède?...

La raison le dit... dans le retour aux saines doctrines, dans l'impulsion donnée aux idées vers
tout ce qui est religieux, vers tout ce qui est
moral !

Reconstruisons donc l'unité de notre foi politique, réhabilitons le principe d'autorité, rendons
la liberté possible en calmant les passions cupides
et haineuses. Mettons-nous tous à l'œuvre avec
courage et patriotisme; lançons-nous sur ce nou-
vel Océan pour retrouver la vérité, en laissant
sur le rivage tout esprit de parti, toute considéra-
tion personnelle qui pourrait entraver la marche
de tous ceux qui croient qu'après les siècles de
destruction viennent toujours les siècles répara-
teurs !

II.

Louis-Napoléon, par le coup de foudre du
2 Décembre, a imprimé un temps d'arrêt à l'élan
révolutionnaire ; il a fait reculer le torrent de
l'anarchie, dont les grandes eaux montaient, montaient toujours et allaient tout emporter vers les
abîmes. Je ne sais quel sera le jugement de la pos-
térité sur ce hardi coup d'État, si habilement pré-
paré, si miraculeusement exécuté. Je ne veux
pas, dans ce moment, le considérer en lui-
même, surtout en présence des espérances dé-
çues, des existences brisées qui en ont été les
regrettables conséquences..... Ce ne sont pas des
appréciations que je discute, — ce sont des faits
que je raconte. — Je constate tout haut ce que chacun est forcé de reconnaître tout bas : c'est qu'il
a fait avorter la fatale échéance de 1852 , qui se
dressait devant nous comme un spectre effrayant:
c'est que ce grand événement a fait rentrer le
peuple en lui-même ; qu'il lui a fait comprendre
qu'il y avait au-dessus de nous une volonté su-
prême avec laquelle il fallait compter ; qu'il y

avait une puissance divine devant laquelle
devaient s'humilier et se confondre les illusions,
l'orgueil et le néant de l'homme !

Dans ce moment solennel, nous avons assisté
à un de ces spectacles qui attristent l'âme et
pèsent sur le cœur ! cruelle épreuve que toutes
les révolutions nous ont fait nécessairement
subir , sans pouvoir détromper tous ceux qui
ont aveuglément fondé sur elles leurs vaines
espérances!

Cette nation , si jalouse de sa dignité et de ses
droits ; cette nation , la veille si fière et si me-
naçante , nous l'avons vue se livrer pieds et
poings liés à l'homme du moment et lui dire ,
par 7,500,000 suffrages: Disposez arbitrairement
de mes destinées....... mais sauvez-moi ! sauvez
la civilisation ! nous allons périr!!... Nous l'avons
vue, pour combler le gouffre qu'elle avait en-
tr'ouvert sous ses pas , y jeter avec un empresse-
ment délirant ses lois, ses institutions , ses
libertés , jusqu'à cette souveraineté qu'elle con-
sidérait comme sa plus belle conquête.

Oh! il fallait que le danger fût bien grand
pour imposer au pays un pareil sacrifice ! Eh

bien ! ce péril subsiste encore.... le désordre matériel sans doute a été comprimé dans la rue et sur la place publique, mais en est-il de même du désordre moral qui règne dans les idées ? Non ; et, nous le disons avec douleur, à cet égard nous n'avons pas fait un pas vers la paix sociale. Ce qui se passe n'est qu'une trève. Tant que les causes de la révolution conserveront leurs racines dans le cœur de la France, il ne nous sera pas permis de nous endormir dans une sécurité trompeuse, ni de compter sur le lendemain. L'histoire du passé nous prédit l'avenir : tant que la même cause existera, elle produira les mêmes effets. C'est là un résultat infaillible ; pour tout esprit observateur, l'histoire de quelques jours révèle des siècles.

Pour sortir de ce cahos où la France se perd, il faut donc refouler vers le centre de la terre les doctrines usées du philosophisme, et revenir aux principes par lesquels les sociétés se créent, se conservent et se perpétuent.

Ces doctrines, si séduisantes parce qu'elles flattent notre orgueil et nos passions, ont pénétré malheureusement bien avant dans le corps social, et y ont énervé bien des cœurs, détrempé bien des consciences.

Aucun de ces partis qui divisent la nation n'a pu
se garantir entièrement de leur funeste influence.
Combien d'hommes qui se croient de bonne foi
ou qui se disent amis de l'ordre, légitimistes,
conservateurs, bonapartistes ou républicains, qui
ne sont en réalité que les derniers enfants perdus
du philosophisme, c'est-à-dire des révolutionnaires.
Aussi, quand j'ai parlé de cet esprit de destruction dont le feu brûle sans réchauffer, dont
l'activité dévore sans rien créer, je l'ai consi-
déré en dehors de tous les partis, qui l'ont plus
ou moins caressé, plus ou moins ravivé dans
leur sein, car il a un caractère qui lui est pro-
pre, qui n'appartient qu'à lui. C'est le démon
du désordre; il agite et renverse tous les gouvernements. Monarchie ou république, rien ne
lui résiste. — Il ne se plaît qu'au milieu des
ruines.

Il faut donc l'extirper dans son principe et à
tout prix, sous quelque masque qu'il se cache, de
quelque manteau qu'il se couvre! — Secouons le
joug des mots, n'apprécions plus les hommes
par les qualifications menteuses qu'ils se don-
nent, ni par les symboles trompeurs qu'ils font
briller à tous les yeux. Mais jugeons de l'arbre
par ses fruits, et de l'homme par ses œuvres!

Une fois qu'on aura pu s'entendre sur les mots,
on sera bientôt d'accord sur les choses. — C'est
la confusion du langage qui a introduit la confusion dans les idées, — et le désordre dans les
idées devait nécessairement amener l'anarchie
dans l'organisation sociale.

Séparons donc ce qui est vrai de ce qui est
faux, ce qui est honnête de ce qui est pervers,
ce qui est possible de ce qui appartient au monde
des illusions, et nous aurons fait un pas immense vers la solution de ces nombreux problè-
mes qui nous tourmentent. Alors, comme aux
jours néfastes de nos guerres fratricides, il n'y
aura que deux camps; la bataille pacifique des
intelligences sera concentrée sur un seul point,
entre le génie chrétien de la France et l'esprit
révolutionnaire du philosophisme. L'épreuve ne
se fera pas attendre; la nouvelle idole n'y rési-
tera pas longtemps !

La révolution a pu détruire l'ancienne société
française, mais, grâce à Dieu, elle n'a pu en
anéantir les éléments. Ils ont survécu à nos dé-
sastres; ils ont reparu, plus brillants que jamais,
au milieu des ténèbres qui nous environnent. —
On croyait qu'ils avaient perdu leur antique

éclat, parce qu'un nuage était passé sur nos têtes.

Un parti qui peut avoir ses enfants égarés, mais en bien petit nombre, les a conservés comme un dépôt sacré. — Ce parti, vers lequel se tournent tous les regards dans les moments suprêmes du danger, presque toujours méconnu le lendemain du triomphe, n'a pas laissé s'altérer en lui cette foi religieuse, ces traditions politiques, ces sentiments moraux, ces affections de famille, cet amour du travail, ce respect pour la propriété, cette soumission éclairée aux lois divines et humaines, sans lesquels il n'y a pas de peuple, de société, de monde possibles.

Ce parti, cédant à d'honorables scrupules, avait pendant longtemps refusé son concours à l'action gouvernementale. Il vivait loin des régions du pouvoir, en restant cependant toujours sur la brèche pour défendre l'ordre matériel, quand il était attaqué; ce qui le rendait le jouet et la victime des événements, et ne lui permettait jamais de les dominer. En 1848, il comprit qu'au milieu des circonstances graves où nous vivions, il avait une mission plus complèt

à remplir; il comprit qu'avant de placer la clé
de voûte sur l'édifice national, il fallait en re-
lever les colonnes abattues, et il se mit alors
courageusement à l'œuvre....

Mais, depuis le 2 décembre, un certain nombre de légitimistes, parmi lesquels la France
compte de belles et nobles illustrations, ont cru
devoir se retirer encore du monde politique, où
ils occupaient une place si élevée dans l'estime
publique. — Craignant de ternir l'éclat d'une vie
honorée par tant de fidélité, d'abnégation et de
sacrifices, ils ont refusé leur adhésion au pouvoir nouveau et se sont renfermés dans leurs
consciences.

D'autres sont encore descendus dans l'arène
pour faire une opposition stérile, qui, quoi-
que renfermée dans des limites de la légalité,
n'en devait pas moins compromettre gravement
les intérêts du pays.

La plupart, mesurant du regard de la pensée la
profondeur de la plaie qui ronge le corps social;
convaincus qu'il ne suffit pas de combattre le
mal en action, mais qu'il faut en prévenir le
retour; ne voulant pas d'ailleurs abandonner ces
intérêts religieux, moraux et populaires confiés à

leur dévouement, ont continué de suivre le cours des événements , pour ne fermer aucune issue à l'avenir, pour ne priver d'aucune de ses chances la fortune de la France.

Cette fraction la plus nombreuse du parti légitimiste, de crise en crise, de jour en jour, s'est de plus en plus rapprochée,..... elle s'est même identifiée avec le pouvoir, mais sans se désavouer. Et pourquoi exigerait-on une honteuse apostasie de ces hommes, qui ont donné au gouvernement la plus sûre des garanties : leur loyauté, je puis ajouter leur patriotisme? Que gagnerait-on à les rabaisser dans l'opinion publique , par des exigence qui ne peuvent pas être dans l'esprit du chef de l'État? Quelle puissance morale pourraient-ils apporter au pouvoir s'ils reniaient ce culte des souvenirs, ces traditions morales, ces principes qu'ils ont su conserver à la France au milieu de tant de débris?... Qu'on ne s'y trompe point, ces conversions si subites, si fréquentes, sont rarement le résultat d'une conviction réelle et profonde. La mobilité qui les amène les emporte avec la même rapidité; — d'ailleurs, le peuple accepterait difficilement pour guides ceux qui marcheraient trop vite dans une pareille voie,... surtout si, à travers

le masque de ces nouveaux convertis, il entre-
voyait les mêmes erreurs et les mêmes alliances
que la veille.

Mais laissons là les hommes et retournons aux
principes !

III

Les principes par lesquels les sociétés se créent, se conservent et se perpétuent se réduisent à quelques vérités d'une majestueuse simplicité.

La religion doit être la base de tout édifice social.

Un pouvoir non pas absolu, mais immuable et incontesté, doit être placé au sommet.

Au centre doivent être gravés les devoirs de l'homme envers Dieu, envers la patrie, envers lui-même, envers son semblable.

Voilà en quelques mots les principales lois du monde politique.

Par l'application de cette théorie toute chrétienne, vous unissez ce que la révolution avait divisé ; vous rendez souple, sans la briser, la chaîne qui doit lier l'homme à l'homme et la créature à Dieu ; vous donnez au pouvoir cette fixité qui en fait la force, et vous lui imprimez ce caractère de sainteté et de justice qui commande le respect et l'affection des peuples.

Une fois le principe d'autorité ainsi réhabilité et compris, la France pourra reprendre, librement et sans crainte, le cours de ses belles destinées.

Une des plus grandes erreurs de notre époque a été de croire que plus les pouvoirs étaient faibles, et plus l'homme était libre et heureux ! Inconcevable folie ! Comme si tout pouvoir faible n'était pas condamné à la mort, ou tout au moins à l'impuissance !.... Comment voulez-vous qu'un gouvernement qui ne peut pas se soutenir lui-même protége vos personnes, vos droits et vos libertés ?...

Un pouvoir immuable et respecté doit au contraire inspirer la confiance. Et avec la confiance, toutes les forces vitales de la nation se réveilleront avec une nouvelle énergie ! le travail reprendra son activité et alimentera toutes les sources de prospérité publique et privée, que la révolution avait taries.

Enfin, avec un pouvoir fort par les institutions

et respecté par les peuples, vous pouvez mettre un terme à cette guerre sociale qui nous désole depuis trop longtemps.

Cette paix serait impossible, comme l'a si bien dit M. Guizot avec cette profondeur de pensée et cette élévation de style qui lui appartiennent, oui, elle serait impossible tant que les classes diverses, que les grands partis politiques que renferme notre société, nourriraient le fol espoir de s'annihiler mutuellement et de posséder seuls l'empire. — C'est le mal qui nous ronge depuis un demi-siècle. « Tantôt les éléments démocra-
» tiques ont voulu extirper l'élément aristocra-
» tique; tantôt l'élément aristocratique a tenté
» d'étouffer l'élément démocratique et de ressai-
» sir la domination. Les constitutions, les lois,
» la pratique des gouvernements ont été dirigés
» tour à tour, comme des machines de guerre,
» vers l'un ou l'autre dessein; — guerre à mort,
» dans laquelle ni l'un ni l'autre des combat-
» tants ne croyait pouvoir vivre si son rival restait
» debout devant lui (1). »

Puis un autre combattant est entré dans l'arène : l'élément démocratique s'est divisé.

____

(1) *De la Démocratie en France.*

Contre les classes élevées on a lancé les classes ouvrières, contre la bourgeoisie le peuple ; et cette guerre a été aussi une guerre à mort, car la démocratie populaire a été encore plus exclusive que les autres partis. Pour elle, la légitimité c'est le nombre, le droit c'est la force. — Elle prétendait seule à l'empire, et nul rival, noble ou bourgeois, ne devait être admis à le partager avec elle.

« Il faut que toute prétention semblable, ajoute
» le même écrivain, disparaisse, non pas de la part
» d'un seul, mais de la part de tous. — Il faut que
» les grands éléments de notre société, l'ancienne
» aristocratie, les classes moyennes, le peuple,
» renoncent à l'espoir de s'exclure et de s'annihi-
» ler mutuellement. Qu'ils luttent entre eux
» d'influence, que chacun maintienne ses posi-
» tions et ses droits, qu'ils tentent même de les
» étendre ; c'est la vie politique. Mais qu'ils ces-
» sent toute hostilité radicale, qu'ils se résignent à
» vivre ensemble côte à côte, dans le gouverne-
» ment comme dans la société civile. C'est la
» première condition politique de la paix so-
» ciale. »

Comment cette condition peut-elle être accomplie ? Je réponds et je réponds toujours : par un gouvernement fort , qui les domine tous ; par le christianisme, qui, ayant proclamé sur les débris de l'ancien monde la liberté et l'égalité de l'homme, a seul le droit de lui rappeler comment il doit les acquérir et dans quelles limites il peut les conserver.

C'est donc sur le terrain de ces principes , sur ce terrain tout chrétien , tout national , que peut se faire la grande réconciliation des partis.

Déjà les orléanistes les plus éminents sont revenus à ces doctrines, qu'ils n'avaient pas entièrement abandonnées, et ils ont entraîné avec eux tous ces hommes qui ont eu le courage de répudier (pour me servir des expressions de l'un d'eux) *les grandes erreurs qu'ils ont payées si cher !*... Et pourquoi n'y reviendriez-vous pas, vous républicains sincères, vous qui avez été à votre tour victimes de cet esprit révolutionnaire sur lequel vous aviez fondé tant d'espérances ?.... Quelles préventions pourraient encore vous retenir ? Ces principe vers lesquels on vous rappelle n'appartiennent pas en réalité au parti légitimiste — il n'en a été que le fidèle gardien ! — ces principes appartiennent au pays. C'est notre politique nationale ! C'est elle qui a fait la grandeur et la prospérité de nos pères.... Ce n'est pas là l'œuvre d'un parti, d'une génération isolée, — c'est l'œuvre de toutes les générations qui se sont succédé pendant quatorze siècles; c'est l'œuvre de la majesté des temps. — Louis-Napoléon l'a si bien compris, qu'il n'a pas voulu faire une politique *nouvelle ; il a repris la vieille politique, la politique traditionnelle de la France* (1).

Nous avons donc de quoi lutter contre le mal qui nous dévore..... mais le danger n'en est pas moins réel et imminent !... Les souffrances, les humiliations qu'il nous a infligées ne sont rien auprès de celles qui nous attendent, si le mal se prolonge...... Que les parties saines de la société se réunissent donc pour le combattre. Aux doctrines insensées et désolantes du philosophisme, opposons l'éclat, la sainteté de nos doctrines chrétiennes ; en face de cette politique menteuse, dissolvante, qui se meut et n'avance point, proclamons cette politique séculaire, progressive, qui avait fait de la France la fille aînée de l'Église et la reine des nations civilisées!

---

(1) Le prince Louis-Napoléon n'adopte pas la politique nouvelle. Il reprend la vieille politique traditionnelle de la France. L'action de son gouvernement est tout simplement l'action des rois qui se continue.   A. DE CÉSENA (*Patrie*).

Légitimistes, conservateurs, bonapartistes, républicains , vous tous dont le cœur n'a pas été
perverti, dont la raison n'est pas entièrement
égarée, venez concourir à notre rénovation
sociale! ayez foi en la Providence... Le
clergé , si éclatant par ses lumières, si respecté par ses vertus, le clergé vous montre
le chemin que vous avez à parcourir et marche
à votre tête... La magistrature, l'armée, toutes
les forces vitales du pays sont avec vous!.....
Avancez donc avec confiance , et rappelez-vous
que quels qu'aient été nos dissentiments et nos
divisions, nous n'avons qu'une même patrie ,
nous n'avons qu'un même Dieu!

9 782329 652245